CHARTE

DU PORTUGAL

COMPARÉE A LA

Charte française

ET A

LA CONSTITUTION

DU BRÉSIL.

PRIX 30 CENTIMES.

A DIJON,

CHEZ GAULARD ET M.lle VALLÉE,
LIBRAIRES,

1826.

CHARTES

COMPARÉES

ENTRE ELLES.

A DIJON,

De l'Imprimerie de CARION,

CHARTE
DU PORTUGAL

COMPARÉE

A LA CHARTE FRANÇAISE

ET A LA CONSTITUTION

DU BRÉSIL.

Nota. Les articles de la constitution du Brésil dont on ne donne pas le texte sont entièrement semblables à ceux de la constitution du Portugal.

DON PÈDRE, par la grâce de Dieu, roi de Portugal, des Algarves, etc.

Je fais savoir à vous tous mes sujets portugais qu'il m'a plu de décréter, donner et faire jurer immédiatement par les trois ordres de l'état, la charte constitutionnelle ci-dessous transmise, laquelle désormais régira mes royaumes et possessions, et qui est de la teneur suivante :

TITRE I.er

Du royaume de Portugal, de son territoire, gouvernement, dynastie et religion.

Art. 1.er Le royaume de Portugal est l'association politique de tous les citoyens portugais.

Louis, par la grâce de Dieu, roi de France et de Navarre, à tous ceux qui ces présentes verront, salut :

La divine Providence, en nous rappelant dans nos états après une longue absence, nous a imposé de grandes obligations. La paix était le premier besoin de nos sujets, nous nous en sommes occupés sans relâche ; et cette paix si nécessaire à la France, comme au reste de l'Europe, est signée. Une charte constitution-nelle était sollicitée par l'état actuel du royaume ; nous l'avons promise, et nous la publions. Nous avons considéré que, bien que l'autorité tout entière ré-sidât en France dans la personne du roi, nos prédécesseurs n'a-vaient point hésité à en modifier

Ils forment une nation libre et indépendante (1).

----

(1) *Projet de constitution pour l'empire du Brésil, élaboré dans le conseil d'état sur les bases présentées par S. M. impériale Don Pèdre I.er empereur constitutionnel et défenseur perpétuel du Brésil.*

Art. 1.er L'empire du Brésil est l'association politique de tous les citoyens brésiliens. Ils forment une nation libre et indépendante, qui n'admet avec aucune autre un lien d'union et de fédération qui s'opposerait à son indépendance.

l'exercice suivant la différence des temps ; que c'est ainsi que les communes ont dû leur affranchissement à Louis-le-Gros, la confirmation et l'extension de leurs droits à Saint Louis et à Philippe-le-Bel ; que l'ordre judiciaire a été établi et développé par les lois de Louis XI, de Henri II et de Charles IX ; enfin que Louis XIV a réglé presque toutes les parties de l'administration publique par différentes ordonnances dont rien encore n'avait surpassé la sagesse.

Nous avons dû, à l'exemple des rois nos prédécesseurs, apprécier les effets des progrès toujours croissans des lumières, les rapports nouveaux que ces progrès ont introduits dans la société, la direction imprimée aux

esprits depuis un demi-siècle, et les graves altérations qui en sont résultées : nous avons reconnu que le vœu de nos sujets pour une charte constitutionnelle était l'expression d'un besoin réel; mais en cédant à ce vœu nous avons pris toutes les précautions pour que cette charte fût digne de nous et du peuple auquel nous sommes fiers de commander. Des hommes sages, pris dans les premiers corps de l'état, se sont réunis à des commissaires de notre conseil pour travailler à cet important ouvrage.

En même temps que nous reconnaissions qu'une constitution libre et monarchique devait remplir l'attente de l'Europe éclairée, nous avons dû nous souvenir aussi que notre premier devoir

envers nos peuples était de con-
server pour leur propre intérêt
les droits et les prérogatives de
notre couronne. Nous avons es-
péré qu'instruits par l'expérience
ils seraient convaincus que l'autorité suprème peut seule donner
aux institutions qu'elle établit la
force, la permanence et la majesté dont elle est elle-même re-
vètue ; qu'ainsi, lorsque la sagesse des rois s'accorde librement avec le vœu des peuples,
une charte constitutionnelle peut
être de longue durée, mais que
quand la violence arrache des
concessions au gouvernement la
liberté publique n'est pas moins
en danger que le trône même.
Nous avons enfin cherché les prin-
cipes de la charte constitutionnelle dans le caractère français

et dans les monumens vénérables des siècles passés. Ainsi nous avons vu dans le renouvellement de la pairie une institution vraiment nationale, et qui doit lier tous les souvenirs et toutes les espérances en réunissant les temps anciens et les temps modernes.

Nous avons remplacé par la chambre des députés ces anciennes assemblées des champ-de-mars et de mai, et ces chambres du tiers-état, qui ont si souvent donné tout à la fois des preuves de zèle pour les intérêts du peuple, de fidélité et de respect pour l'autorité des rois. En cherchant ainsi à renouer la chaîne des temps, que de funestes écarts avaient interrompue, nous avons effacé de notre souvenir, comme nous voudrions qu'on pût les ef-

facer de l'histoire, tous les maux qui ont affligé la patrie durant notre absence. Heureux de nous retrouver au sein de la grande famille, nous n'avons su répondre à l'amour dont nous recevons tant de témoignages qu'en prononçant des paroles de paix et de consolation. Le vœu le plus cher à notre cœur c'est que tous les Français vivent en frères, et que jamais aucun souvenir amer ne trouble la sécurité qui doit suivre l'acte solennel que nous leur accordons aujourd'hui.

Sûrs de nos intentions, forts de notre conscience, nous nous engageons devant l'assemblée qui nous écoute à être fidèles à cette charte constitutionnelle, nous réservant d'en jurer le maintien, avec une nouvelle solennité, de-

Art. 2. Leur territoire forme le royaume de Portugal et des Algarves, et comprend :

1.º En Europe, le royaume de Portugal qui se compose des provinces de Minho, Tres-os-Montes, Beira, Estramadoure, Alentejo et royaume des Algarves, et des îles adjacentes de Madère, Porto-Santo et Açores ;

2.º Dans l'Afrique occiden-

vant les autels de celui qui pèse dans la même balance les rois et les nations.

A ces causes, nous avons volontairement, et par le libre exercice de notre autorité royale, accordé et accordons, fait concession et octroi à nos sujets, tant pour nous que pour nos successeurs, et à toujours, de la charte constitutionnelle qui suit :

Art. 73. Les colonies seront régies par des lois et des réglemens particuliers.

tale, Bissau et Cachen, sur la côte de Mina-o-Forte, de Saint-Jean-Baptiste d'Ajuda, Angola, Benguella et ses dépendances, Cabinda et Molembo, les îles du Cap-Vert, et celles de Saint-Thomé et du Prince et leurs dépendances; sur la côte orientale, Mozambique, Rio de Sehna, Sofalla, Inhambane, Quélimane, et les îles du cap Delgado.

3.º En Asie, Salvete, Bardez, Goa, Damao, Diu, et les établissemens de Macao et des îles de Solor et de Timor.

Art. 3. La nation ne renonce pas aux droits qu'elle peut avoir sur quelque portion du territoire dans ces trois parties du monde, non comprise dans l'article précédent.

Art. 4. Son gouvernement est

monarchique, héréditaire et re-présentatif (1).

Art. 5. La dynastie régnante se continue dans la sérénissime maison de Bragance et dans la personne de la princesse Dona Maria da Gloria par l'abdication et cession de son auguste père don Pèdre Ier, empereur du Bresil, légitime héritier et successeur de Jean VI (2).

Art. 6. La religion catholique, apostolique et romaine continuera à être la religion du royaume.

Toutes les autres religions se-

---

(1) Art. 3. Son gouvernement est monarchique, héréditaire, constitutionnel et représentatif.

(2) Art. 4. La dynastie régnante est celle de don Pédre Ier, empereur actuel et défenseur perpétuel du Brésil.

Art. 5. Chacun professe sa religion avec une égale liberté, et obtient pour son culte la même protection.

Art. 6. Cependant la religion catholique, apostolique et romaine est la religion de l'état.

Art. 7. Les ministres de la religion catholique, apostolique et romaine, et ceux des autres cultes chrétiens, reçoivent seuls des traitemens du trésor royal.

ront permises aux étrangers avec leur culte domestique, sans aucune forme extérieure de temple (1).

TITRE II.

Des citoyens portugais.

Art. 7. Sont citoyens portugais,
1.º Ceux qui seront nés en Portugal ou dans ses dépendances, et qui aujourd'hui ne seraient pas citoyens du Brésil, quoique leur père soit étranger, pourvu qu'il

(1) Art. 5. La religion catholique, apostolique et romaine continuera à être la religion de l'empire. Toutes les autres religions seront permises, avec le culte domestique ou particulier, dans des maisons destinées à cet effet, mais sans aucune forme extérieure de temple.

ne réside pas en Portugal pour le service de sa nation ;

2.º Les fils d'un père portugais et les enfans illégitimes d'une mère portugaise nés en pays étrangers qui viendraient établir leur domicile dans le royaume ;

3.º Les fils d'un père portugais qui serait en pays étranger pour le service du royaume, lors même qu'il ne viendrait pas habiter le Portugal ;

4.º Les étrangers naturalisés, quelle que soit leur religion : une loi déterminera les qualités requises pour obtenir des lettres de naturalisation (1).

____

(1) Art. 6. 4.º Tous ceux nés en Portugal et dans ses possessions, qui, résidant au Brésil à l'époque de la proclamation de l'indépendance dans

leurs provinces, y adhéreront expressément ou tacitement en continuant
d'y résider.

Art. 8. Perd ses droits de citoyen portugais,

1.º Celui qui se fait naturaliser en pays étranger;

2.º. Celui qui sans permission du roi accepte un emploi, une pension ou décoration de quelque gouvernement étranger;

3.º Celui qui a été banni par une sentence.

Art. 9. L'exercice des droits politiques est suspendu,

1.º Par l'incapacité physique ou morale;

2.º Par un jugement de condamnation, emprisonnement ou décret, tant que dureront leurs effets.

TITRE III.

Des pouvoirs et de la représentation nationale.

Art 10. La division et l'harmonie des pouvoirs politiques sont le principe conservateur des droits des citoyens, et le plus sûr moyen de rendre effectives les garanties que leur offre la constitution.

Art. 11. Les pouvoirs reconnus par la constitution du royaume de Portugal sont au nombre de quatre : le pouvoir législatif, le pouvoir modérateur (*moderador*), le pouvoir exécutif et le pouvoir judiciaire.

Art. 12. Les représentans de la nation portugaise sont le roi et les cortès générales (1).

____

(1) Art. 12. Tous ces pouvoirs dans

l'empire du Brésil sont des délégations
de la nation.

TITRE IV.

Du pouvoir législatif.

CHAPITRE Ier

Des branches du pouvoir législatif, et de leurs attributions.

Art. 13. Le pouvoir législatif appartient aux cortês avec la sanction du roi (1).

---

(1) Art. 13. Le pouvoir législatif est délégué à une assemblée générale avec la sanction de l'empereur.

Art. 14. Le roi est le chef suprême de l'état, commande les forces de terre et de mer, déclare la guerre, fait les traités de paix, d'alliance et de commerce, nomme à tous les emplois d'administration publique, et fait les réglemens et ordonnances nécessaires pour l'exécution des lois et la sûreté de l'état.

Art 14. Les cortès se composent de deux chambres, la chambre des pairs et la chambre des députés (1).

Art. 15. Il est dans les attributions des cortès,

1.º De recevoir le serment du roi, du prince royal, du régent et de la régence ;

2.º D'élire le régent ou la régence, et de marquer les limites de leur autorité ;

3.º De reconnaître le prince royal comme héritier du trône dans la première session qui suivra sa naissance.

4.º De nommer un tuteur au

____

(1) Art. 14. L'assemblée générale se compose de deux chambres, chambre des députés et chambre des sénateurs ou sénat.

Art. 15. La puissance législative s'exerce collectivement par le roi, la chambre des pairs et la chambre des députés des départemens.

roi mineur, dans le cas où son père ne l'aurait pas nommé dans son testament;

5.º A la mort du roi, ou dans une vacance du trône, d'établir un conseil d'administration qui recherche et réforme les abus qui s'y seraient introduits;

6.º De faire des lois, de les interpréter, de les suspendre et de les révoquer;

7.º De veiller à la garde de la constitution et de pourvoir au bien général de la nation;

8.º De fixer annuellement les dépenses publiques et de répartir la contribution directe;

9.º D'accorder ou de refuser l'entrée des forces étrangères de terre et de mer dans l'intérieur du royaume ou dans ses ports;

10.º De fixer annuellement,

d'après le rapport du gouvernement, les forces de terre et de mer ordinaires et extraordinaires;

11.º D'autoriser le gouvernement à contracter des emprunts;

12.º De se procurer et établir des ressources convenables pour le paiement de la dette publique;

13.º De régler l'administration des domaines de l'état, et décréter leur aliénation;

14.º De créer ou supprimer des emplois publics et en fixer les émolumens;

15.º De déterminer le poids, le titre intrinsèque, la valeur, l'inscription, le type et la dénomination des monnaies, aussi bien que l'étalon des poids et mesures (3).

---

(1) Art. 15. 5.º De résoudre les doutes qui peuvent se présenter rela-

tivement à la succession à la couronne;

7.º De choisir une dynastie nouvelle au cas d'extinction de la dynastie
régnante.

Art. 16. Le titre de la chambre des pairs sera celui de dignes pairs du royaume, et celui des députés de messieurs les députés de la nation portugaise (1).

Art. 17. Chaque législature durera quatre années, et chaque session annuelle trois mois (2).

Art. 18. L'ouverture de la session royale aura lieu chaque année le 2 janvier (3).

Art. 19. La session de ferme-

____

(1) Art. 16. Chacune des chambres recevra le titre d'augustes, et très-dignes représentans de la nation.

(2) Art. 17. Chaque législature durera quatre années, et chaque session annuelle quatre mois.

(3) Art. 18. La séance impériale d'ouverture aura lieu tous les ans le 2 mai.

Art. 37. Les députés seront élus pour cinq ans, et de manière que la chambre soit renouvelée chaque année par cinquième (1).

---

(1) La chambre actuelle des députés et toutes celles qui la suivront seront renouvelées intégralement ; elles auront une durée de sept années à compter du jour où aura été rendue l'ordonnance de leur première convocation, à moins qu'elle ne soit dissoute par le roi. (*Loi du 8 juin 1824.*)

ture sera également une session royale, et celle-ci, comme celle d'ouverture, aura lieu en cortès générales, les deux chambres réunies, les pairs à droite et les députés à gauche.

Art. 20. Son cérémonial et celui relatif à la présence du roi seront déterminés par un réglement particulier.

Art. 21. La nomination du président et du vice-président de la chambre des pairs appartient au roi; celle du président et vice-président de la chambre des députés sera au choix du roi, sur la proposition faite par ladite chambre. Celle des secrétaires des deux chambres, la vérification des pouvoirs de ses membres, et le serment et la police, auront lieu d'a-

Art. 29. La chambre des pairs est présidée par le chancelier de France, et en son absence par un pair nommé par le roi.

Art. 43. Le président de la chambre des députés est nommé par le roi sur une liste de cinq membres présentée par la chambre.

près les formes de leurs réglemens intérieurs respectifs (1).

Art. 22. Lors de la réunion des deux chambres le président de la chambre des pairs dirigera le travail, et les pairs et les députés prendront leurs places comme dans la séance d'ouvertnre des cortés.

Art. 23. Les sessions de chacune des chambres seront publiques, à l'exception des cas où le bien de l'état exigerait qu'elles fussent secrètes.

---

(1) Art. 21. La nomination des présidens, vice-présidens et secrétaires des deux chambres, la vérification des pouvoirs de ses membres, le serment à prêter et la police intérieure, seront rédigés sous la forme de réglement.

Art. 32. Toutes les délibérations de la chambre des pairs sont secrètes.

Art. 44. Les séances de la chambre des députés sont publiques; mais la demande de cinq membres suffit pour qu'elle se forme en comité secret.

Art. 24. Les affaires se décideront à la majorité absolue des votes des membres présens (1).

Art. 25. Les membres de chacune des chambres sont inviolables pour les opinions qu'ils professeraient dans l'exercice de leurs fonctions.

Art. 26. Aucun pair ou député ne pourra, durant sa députation, être arrêté par une autorité quelconque, à moins que ce ne soit en flagrant délit emportant peine capitale.

---

(1) Art. 23. Aucune séance ne pourra avoir lieu dans l'une des deux chambres sans la présence de la moitié plus un de ses membres.

Art. 18. Toute loi doit être discutée et votée librement par la majorité de chacune des deux chambres.

Art. 34. Aucun pair ne peut être arrêté que de l'autorité de la chambre, et jugé que par elle en matière criminelle.

Art. 51. Aucune contrainte par corps ne peut être exercée contre un membre de la chambre des députés durant la session, et dans les six semaines qui l'auront précédée ou suivie.

Art. 52. Aucun membre de la chambre ne peut pendant la durée de la session être poursuivi ni

Art. 27. Si un pair ou un député était en prévention le juge suspendra toutes poursuites ultérieures, et rendra compte à sa chambre respective, laquelle décidera si le procès devra se continuer, et si ce membre sera ou non suspendu de l'exercice de ses fonctions.

Art. 28. Les pairs et les députés pourront être nommés aux fonctions de ministres d'état ou de conseillers d'état, avec la différence néanmoins que les pairs continueront à siéger dans leur chambre, tandis que le député laissera sa place vacante, et qu'on procédera à une nouvelle élection dans

rrêté en matière criminelle, sauf le cas de flagrant délit, qu'après que la chambre a permis sa poursuite.

laquelle il pourra être réélu e
cumuler les deux fonctions.

Art. 29. Ils cumuleront égale
ment les deux fonctions s'ils exer
çaient déjà l'un ou l'autre de
emplois susmentionnés au mo
ment de leur élection.

Art. 30. On ne peut être er
même temps membre des deux
chambres.

Art. 31. L'exercice d'un emploi
quelconque, à l'exception de ceux
de conseiller d'état ou de ministre
d'état, cessera entièrement pen
dant le temps que dureront les
fonctions de pair ou de député.

Art. 32. Dans l'intervalle des
sessions le roi ne pourra point employer un député hors du royaume, et même il n'ira point exercer les fonctions de son emploi si
cela le mettait dans l'impossibi-

lité de se réunir lors de la convocation des cortès générales ordinaires ou extraordinaires.

Art. 33. Si par un événement imprévu dont peut dépendre la sûreté publique ou le bien de l'état, il était indispensable que quelque député s'absentât pour remplir un autre emploi, la chambre respective à laquelle il appartient en décidera.

CHAPITRE II.

De la chambre des députés.

Art. 34. La chambre des députés est élective et temporaire.

Art. 35. La chambre des députés sera composée des députés élus par les colléges électoraux dont l'organisation sera déterminée par des lois.

Art. 35. Il appartient en privilége à la chambre des députés l'initiative,

1.º Sur les impositions ;

2.º Sur le recrutement (1).

Art. 36. A la chambre des députés appartient également le privilége,

1.º De l'examen de l'administration précédente et la réforme

______

(1) Art. 36. 3.º Sur le choix d'une dynastie nouvelle en cas d'extinction de l'ancienne.

Art. 47. La chambre des députés reçoit toutes les propositions d'impôts; ce n'est qu'après que ces propositions ont été admises qu'elles peuvent être portées à la chambre des pairs.

Art. 48. Aucun impôt ne peut être établi ni perçu s'il n'a été consenti par les deux chambres et sanctionné par le roi.

Art. 49. L'impôt foncier n'est consenti que pour un an. Les impositions indirectes peuvent l'être pour plusieurs années.

des abus qui s'y seraient introduits;

2.º La discussion des propositions faites par le pouvoir exécutif.

Art. 37. Il est également des
attributions privilégiées de ladite
chambre de décréter qu'il y a lieu
à accusation contre les ministres
d'état et contre les conseillers
d'état.

Art. 38. Les députés touche-
ront durant la session un dédom-
magement pécuniaire fixé dans la
dernière séance de la précédente
législature; outre cela on leur
allouera une indemnité pour les
frais de voyage d'aller et retour.

CHAPITRE III.

De la chambre des pairs.

Art. 39. La chambre des pairs

Art. 55. La chambre des députés a le droit d'accuser les ministres et de les traduire devant la chambre des pairs, qui seule a celui de les juger.

Art. 24. La chambre des pairs

est composée de membres à vie et
héréditaires nommés par le roi,
et en nombre indéterminé (1).

(1.) Art. 40. Le sénat se compose
de membres nommés à vie, et il sera
organisé par des élections provinciales.
   Art. 41. Chaque province fournira
par moitié autant de sénateurs que
de députés, et quand le nombre des
députés sera impair le nombre de
ces sénateurs sera la moitié du nombre pair inférieur, de manière que
la province qui aura onze députés
ait cinq sénateurs.
   Art. 42. La province qui n'a qu'un
député élira toutefois un sénateur,
malgré la règle établie ci-dessus.
   Art. 43. Les élections seront faites
de la même manière que celles des députés, mais avec des listes triples sur
lesquelles l'empereur choisira un tiers.
   Art. 44. On nomme aux emplois
de sénateurs vacans de la même manière qu'à la première élection.
   Art. 45. Pour être sénateur il faut,
1.° être né citoyen brésilien et jouir

est une portion essentielle de la puissance législative.

Art. 27. La nomination des pairs de France appartient au roi. Leur nombre est illimité : il peut en varier les dignités, les nommer à vie ou les rendre héré- ditaires, selon sa volonté.

Art. 28. Les pairs ont entrée dans la chambre à vingt-cinq ans, et voix délibérative à trente ans seulement.

---

de ses droits politiques ; 2.º être âgé de 40 ans au moins ; 3.º être savant, habile et vertueux : on préférera ceux qui auront rendu des services à la patrie ; 4.º posséder un revenu annuel de 800 milleréis soit en biens, soit par son industrie, son commerce ou ses emplois.

Art. 46. Les princes de la maison impériale sont de droit sénateurs, et siégeront dans le sénat aussitôt qu'ils auront atteint l'âge de 25 ans.

Art. 40. Le prince royal et les infans seront pairs de droit et prendront siége dans la chambre aussitôt qu'ils auront atteint l'âge de vingt-cinq ans.

Art. 41. Il est des attributions exclusives de la chambre des pairs,

1.º De connaître des délits individuels commis par les membres de la famille royale, par les ministres d'état, par les conseillers d'état et par les pairs, et des

Art. 30. Les membres de la famille royale et les princes du sang sont pairs par le droit de leur naissance. Ils siégent immédiatement après le président, mais ils n'ont voix délibérative qu'à vingt-cinq ans.

Art. 31. Les princes ne peuvent prendre séance à la chambre que de l'ordre du roi, exprimé pour chaque session par un message, à peine de nullité de tout ce qui aurait été fait en leur présence.

Art. 33. La chambre des pairs connaît des crimes de haute trahison et des attentats à la sûreté de l'état qui seront définis par la loi.

délits des députés commis pendant la durée de la session de législature;

2.º De connaître de la responsabilité des secrétaires et conseillers d'état;

3.º De convoquer les cortès lors de la mort du roi pour l'élection d'une régence, dans le cas où elle aurait lieu, lorsque la régence provisoire ne le fait point (1).

Art. 42. Lors du jugement des crimes dont l'accusation n'appartient point à la chambre des dé-

____

(1) Art. 47. 3.º D'expédier les lettres de convocation de l'assemblée au cas où l'empereur ne l'aurait pas fait deux mois après l'époque déterminée par la constitution; le sénat se réunira extraordinairement à cet effet.

CHARTE FRANÇAISE.

putés le procureur de la cou‑
ronne fera les fonctions d'accusa‑
teur.

Art. 43. Les sessions de la
chambre des pairs commencent et
finissent à la même époque que
celles de la chambre des députés.

Art. 44. Toute réunion de la
chambre des pairs hors le temps
des sessions de celles des députés
est illégale et nulle, à l'exception
des cas désignés par la constitu‑
tion.

———————————

Art. 51. Le subside des sénateurs
sera de la moitié autant que celui
des députés.

Art. 25. Elle est convoquée par le roi en même temps que la chambre des députés des départemens. La session de l'une commence et finit en même temps que celle de l'autre.

Art. 26. Toute assemblée de la chambre des pairs qui serait tenue hors du temps de la session de la chambre des députés, ou qui ne serait pas ordonnée par le roi, est illicite et nulle de plein droit.

CHAPITRE IV.

De la proposition, discussion, sanction et promulgation des lois.

Art. 45. La proposition, l'opposition et l'approbation des projets de lois appartiennent à chacune des deux chambres.

Art. 46. Le pouvoir exécutif fait faire par l'un ou par l'autre des ministres d'etat la proposition qui lui appartient dans la formation des lois, et seulement après avoir été examinée par une commission de la chambre des dépu-

Art. 16. Le roi propose la loi.

Art. 45. La chambre se partage en bureaux pour discuter les projets qui lui ont été présentés de la part du roi.

Art. 46. Aucun amendement ne peut être fait à une loi s'il n'a été proposé ou consenti par le roi, et s'il n'a été renvoyé et discuté dans les bureaux.

Art. 17. La proposition de la loi est portée, au gré du roi, à la chambre des pairs ou à celle des députés, excepté la loi de l'impôt qui doit être adressée d'abord à la chambre des députés.

Art. 19. Les chambres ont la

tés, dont cette proposition doit
émaner; elle pourra être conver-
tie en projet de loi.

Art. 47. Les ministres pourront soutenir et discuter la proposition après le rapport de la

faculté de supplier le roi de proposer une loi sur quelque objet que ce soit, et d'indiquer ce qu'il leur paraît convenable que la loi contienne.

Art. 20. Cette demande pourra être faite par chacune des deux chambres, mais après avoir été discutée en comité secret ; elle ne sera renvoyée à l'autre chambre par celle qui l'aura proposée qu'après un délai de dix jours.

Art. 21. Si la proposition est adoptée par l'autre chambre elle sera mise sous les yeux du Roi ; si elle est rejetée elle ne pourra être représentée dans la même session.

commission ; mais ils ne pourront point émettre de vote, ni être présens lorsqn'on votera, à moins d'être pairs ou députés.

Art. 48. Si la chambre des députés adopte le projet, elle l'adressera à celle des pairs avec la formule suivante :

« La chambre des députés en-
» voie à la chambre des pairs la
» proposition ci-jointe du pouvoir
» exécutif (avec des amendemens
» ou sans amendemens), et pense
» qu'il y a lieu, etc. »

Art. 49. Si elle ne peut adopter la proposition elle en fera part au roi par une députation de sept membres, et de la manière suivante :

« La chambre des députés té-
» moigne au roi sa reconnais-
» sance pour le zèle qu'il montre

» à veiller sur les intérêts du
» royaume, et le supplie respec-
» tueusement de daigner prendre
» en considération ultérieure la
» proposition du gouvernement.»

Art. 50. En général, les propositions que la chambre des députés
admettra et approuvera seront
adressées à la chambre des pairs
avec la formule suivante :

« La chambre des députés
» adresse à la chambre des pairs
» la proposition ci-annexée, et
» pense qu'il y a lieu à demander
» au roi sa sanction. »

Art. 51. Si néanmoins la chambre des pairs n'adoptait pas entièrement le projet de la chambre
des députés, et qu'elle l'eût au
contraire amendé ou qu'elle y
eût ajouté, elle le renverra de la
manière suivante :

« La chambre des pairs adresse
» à la chambre des députés sa pro-
» position (telle) avec les amen-
» demens ou additions y jointes,
» et elle pense qu'il y a lieu à
» demander au roi sa sanction. »

Art. 52. Si la chambre des pairs, après en avoir délibéré, juge qu'il n'y a pas lieu à admettre la proposition ou le projet, elle l'exprimera dans les termes suivans :

« La chambre des pairs adresse
» de nouveau à la chambre des dé-
» putés la proposition (une telle)
» à laquelle elle n'a pu donner
» son consentement. »

Art. 53. La même marche se suivra par la chambre des députés envers celle des pairs lorsque le projet aura eu son origine dans cette dernière.

Art. 54. Si la chambre des dé
putés n'approuve pas les amende
mens ou les additions de celle des
pairs, *et vice versâ*, et que la
chambre, refusant son approba
tion, juge néanmoins que le proje
est avantageux, on nommera une
commission composée d'un éga
nombre de pairs et de députés, e
ce qu'elle décidera servira soi
pour faire une proposition de loi
ou pour la rejeter tout-à-fait (1)

---

(1) Art. 61. Si la chambre de
députés n'approuve pas les amende
mens ou additions du sénat, *et vic*
versâ, et que toutefois elle juge qu
le projet est avantageux, elle pourr
requérir par une députation de troi
membres la réunion des deux cham
bres, qui aura lieu dans la chambr
du sénat, et, suivant le résultat d
la discussion, ce qui sera résolu aur
lieu.

Art. 55. Lorsque l'une ou l'autre des deux chambres (la discussion étant fermée) aura adopté entièrement le projet que l'autre chambre lui avait adressé, elle le rédigera en décret, et lecture faite séance tenante elle l'adressera au roi en deux expéditions signées par le président et deux secrétaires, et lui demandera sa sanction dans les termes suivans :

« Les cortès générales adressent
» au roi le décret ci-inclus,
» qu'elles jugent avantageux et
» utile au royaume, et deman-
» dent à sa majesté qu'elle daigne
» y donner sa sanction. »

Art. 56. Cette remise sera faite par une députation de sept membres envoyés par la chambre ayant délibéré en dernier lieu, laquelle en même temps infor-

Art. 22. Le roi seul sanctionne et promulgue les lois.

mera l'autre chambre où le projet a pris naissance, « Qu'elle a
» adopté sa proposition relative
» à tel objet; qu'elle l'a fait re-
» mettre au roi en lui demandant
» sa sanction. »

Art. 57. Si le roi refuse d'ac-corder son consentement il ré-pondra dans les termes suivans :

« Le roi veut méditer le projet
» de loi pour en son temps faire
» connaître sa proposition. »

A quoi la chambre répondra :
» Qu'elle remercie sa majesté
» de l'intérêt qu'elle prend à la
» nation. »

Art. 58. Ce refus a un effet absolu (1).

____

(1) Art. 65. Ce refus n'a qu'un ef-fet suspensif; mais si deux législatures successives approuvent le projet et

e présentent successivement dans les
mêmes termes il est entendu que
l'empereur accorde sa sanction.

Art. 59. Le roi donnera ou refusera sa sanction à chaque décret dans le délai d'un mois du jour qu'il lui aura été présenté (1).

Art. 60. Si le roi adopte le projet des cortès générales il s'exprimera ainsi :

« Le roi consent. » Par là il est sanctionné et dans les formes requises pour être promulgué comme loi du royaume, et l'une des deux expéditions autographes, après avoir été signée par

____

(1) Art. 67. S'il ne le fait pas dans le temps ci-dessus mentionné ce retard aura le même effet que s'il refusait expressément sa sanction. Mais ce retard comptera aux membres des législatures pendant lesquelles il peut refuser sa sanction, de sorte que s'il avait refusé dans les deux législatures précédentes le décret serait obligatoire.

le roi, sera déposée aux archives de la chambre qui en avait fait l'envoi, et l'autre servira pour par elle aller faire faire la promulgation de la loi par le secrétaire d'état qui le concerne, et elle sera ensuite déposée aux archives de l'état.

Art. 61. La formule de la proclamation de la loi est conçue dans les termes suivans :

« Don Pèdre, par la grace de
» Dieu, roi de Portugal et des
» Algarves, etc., etc., faisons
» savoir à tous nos sujets que
» les cortès générales ont décré-
» té, et que nous voulons la
» loi suivante (le texte de la
» loi dans ses dispositions seule-
» ment) ; ordonnons en consé-
» quence à toutes les autorités
» auxquelles la connaissance et

» l'exécution de ladite loi appar-
» tiennent qu'elles s'y conforment
» et y fassent se conformer et
» exécuter en son entier en ce
» qu'elle contient. Le secrétaire
» d'état des affaires de (ou de
» tout autre section) la fera
» imprimer, publier et distri-
» buer (1). »

Art. 62. La loi signée par le roi et contre-signée par le secrétaire d'état compétent, et scellée du sceau royal, l'original sera

---

(1) Art. 69. La formule de promulgation des lois sera conçue dans les termes suivans : Don N., par la grâce de Dieu et l'acclamation unanime des peuples, empereur constitutionnel et défenseur perpétuel du Brésil, faisons savoir à tous nos sujets que l'assemblée générale a décrété et que nous approuvons la loi suivante. (Suit la loi avec ses dispositions seulement.)

déposé aux archives de l'état, et des exemplaires imprimés en seront adressés à toutes les chambres de justice, aux tribunaux et autres lieux où il conviendra de la faire publier.

CHAPITRE V.

Des élections (1).

Art. 63. Les nominations des

---

(1) *Conseils généraux de provinces et leurs attributions.*

Art. 71. La constitution reconnaît et garantit à tout citoyen le droit de prendre part aux affaires de sa province immédiatement relatives à ses intérêts particuliers.

72. Ce droit sera exercé par la chambre du district, et par des conseils qui, sous le titre de conseil général de la province, doivent être

établis dans chaque province où ne sera pas placée la capitale de l'empire.

73. Chaque conseil général sera composé de 21 membres dans les provinces les plus peuplées, telles que Parà, Maranhaò, Ceara, Fernambuco, Bahia, Minas Geraes, Saint-Paul et Rio-Grande-du-Sud; et dans les autres de 12 membres.

74. L'élection se fera à la même époque et de la même manière que celle des représentans de la nation, et pour le temps de chaque législature.

75. Les qualités nécessaires pour être membre de ces conseils sont d'avoir 25 ans, de la probité et une existence honnête.

76. Les membres de ce conseil se réuniront dans la capitale de la province. La première séance préparatoire sera consacrée à la nomination des président, vice-président, secrétaire et suppléans, élus pour tout-le temps de la session, et à l'examen de la vérification de l'élection de ses membres.

77. Il y aura tous les ans une session

députés pour les cortès générales seront faites par des élections in-

---

de deux mois, qui pourra être prorogée d'un mois si la majorité du conseil l'a décidé ainsi.

78. Pour pouvoir délibérer il faudra la réunion de la moitié plus un de ses membres.

79. Le président de la province, le secrétaire et le commandant militaire ne peuvent être élus membres du couseil.

80. Le président de la province assistera à l'installation du conseil général qui aura lieu le 1.er décembre. Son siége sera placé à la droite de celui du président du conseil et sur la même ligne. Le président de la province adressera la parole au conseil, et lui rendra compte de l'état des affaires publiques et des mesures d'amélioration nécessaires à la province.

81. Les conseils auront pour objet principal de discuter et délibérer sur les affaires les plus intéressantes des

provinces. Il présenteront des projets particuliers appropriés à ses localités et à ses besoins.

82. Les affaires commencées dans les chambres seront remises officiellement au secrétaire du conseil où elles seront discutées, les portes ouvertes, aussi bien que celles qui auront leur origine dans les conseils eux-mêmes. Leurs résolutions seront prises à la pluralité absolue des suffrages des membres présens.

83. On ne peut discuter dans les conseils aucun projet sur les matières suivantes : 1.º sur les intérêts généraux de la nation ; 2.º sur les affaires d'une province avec une autre ; 3.º sur les impositions dont l'initiative est de la compétence particulière de la chambre des députés (*voyez* art. 36) ; 4.º sur l'exécution des lois. Ils pourront cependant adresser à cet égard des représentations motivées à l'assemblée générale et au pouvoir exécutif réunis.

84. Les résolutions des conseils généraux de la province seront directement remises au pouvoir exé-

directes; la masse des citoyens actifs, réunis en assemblées pa-

---

cutif par l'intermédiaire du président de la province.

85. Si l'assemblée générale se trouve réunie en ce moment elles lui seront immédiatement envoyées par le ministre d'état dans les attributions duquel elles se trouvent pour être proposées sous forme de projet de loi, et obtenir l'approbation de l'assemblée pour une discussion unique dans chaque chambre.

86. Si l'assemblée n'est pas réunie en ce moment l'empereur les fera provisoirement exécuter s'il juge cette rapidité d'exécution nécessaire au bien général de la province.

87. Faute de ces circonstances, l'empereur déclarera qu'il suspend son jugement à l'égard de cette affaire; à quoi le conseil répondra qu'il a reçu très-respectueusement la réponse de S. M. I.

88. Aussitôt la réunion de l'assem-

blée générale, ces résolutions ainsi différées lui seront transmises, aussi bien que celles qui ont été mises à exécution, pour être délibérées et décrétées dans les formes de l'article 85.

89. La méthode à suivre par les conseils généraux de province dans leur travail, et leur police intérieure et extérieure, seront fixées par un réglement qui leur sera donné par l'assemblée générale.

roissiales , éliront les électeurs de province, et ceux-ci les représentans de la nation (1).

Art. 64. Auront droit de voter dans ces élections primaires ,

1.º Les citoyens portugais qui jouissent de leurs drois politiques;

2.º Les étrangers naturalisés.

Art. 65. Sont exclus du droit de voter dans les assemblées paroissiales ,

1.º Les mineurs au-dessous de vingt-cinq ans, parmi lesquels ne sont point compris ceux mariés

______

(1) Art. 90. La nomination des députés et sénateurs pour l'asemblée générale et des membres des conseils généraux de provinces sera faite par élection indirecte. La masse des citoyens actifs, réunis en assemblées paroissiales, nommera les électeurs des provinces, et ceux-ci les représentans de la nation et de la province.

Art. 40. Les électeurs qui concourent à la nomination des députés ne peuvent avoir droit de suffrage s'ils ne paient une contribution directe de trois cents francs, et s'ils ont moins de trente ans (1).

---

(1) Art. 1.er Il y a dans chaque département un collége électoral de département et des colléges électoraux d'arrondissement.

Néanmoins tous les électeurs se réuniront en un seul collége dans les départemens qui n'avaient à l'époque du 5 février 1817 qu'un député à nommer; dans ceux où le nombre des électeurs n'excède pas trois cents, et dans ceux qui, divisés en cinq arrondissemens de sous-préfecture, n'auront pas au-delà de quatre cents électeurs.

Art. 2. Les colléges de département

ou officiers militaires qui sont majeurs à vingt-un ans, les bacheliers licenciés, et les ecclésiastiques dans les ordres sacrés;

2.º Les fils de famille qui sont dans la compagnie de leurs pères, à moins qu'ils n'occupent des emplois publics;

3.º Les domestiques de service, dans laquelle classe n'entrent point les teneurs de livres et les premiers commis des maisons de commerce, les domestiques de la maison royale qui ne portent point le galon blanc, et les administrateurs de biens ruraux et de fabriques;

4.º Les religieux et toutes personnes qui vivent en communauté claustrale;

5.º Toutes personnes qui ne possèdent point un revenu net

sont composés des électeurs les plus imposés, en nombre égal au quart de la totalité des électeurs du département.

Les colléges de département nomment cent soixante-douze nouveaux députés, conformément au tableau annéxé à la présente loi. Ils procéderont à cette nomination pour la session de 1820.

La nomination des deux cent cinquante-huit députés actuels est attribuée aux colléges d'arrondissemens électoraux à former dans chaque département en vertu de l'article 1.er, sauf les exceptions portées au paragraphe 2 du même article.

Ces colléges nomment chacun un député. Ils sont composés de tous les électeurs ayant leur domicile politique dans l'une des communes comprises dans la circonscription de chaque arrondissement électoral. Cette circonscription sera provisoirement déterminée pour chaque département, sur l'avis du conseil général, par des ordonnances du roi qui seront sou-

annuel de 100,000 reis (600 fr.) provenant de biens fonds, industrie, commerce ou emploi.

Art. 66. Tous ceux qui n'ont pas le droit de voter dans les assemblées primaires paroissiales ne peuvent être membres ni donner leurs votes pour la nomination d'une autorité quelconque élective nationale.

Art. 67. Peuvent être électeurs et voter dans l'élection des députés tous ceux qui peuvent voter dans les assemblées paroissiales. Sont exclus néanmoins,

1.º Toutes personnes ne jouissant pas d'un revenu net annuel de 200,000 reis (1200 fr.) provenant de biens fonds, industrie, commerce ou emplois;

2.º Les libérés;

3.º Les criminels poursuivis

mises à l'approbation législative dans la prochaine session.

Le cinquième des députés actuels qui doit être renouvelé sera nommé par les colléges d'arrondissement.

Pour les sessions suivantes les départemens qui auront à renouveler leur députation la nommeront en entier d'après les bases établies par le présent article.

Art. 3. La liste des électeurs de chaque collége sera imprimée et affichée un mois avant l'ouverture des colléges électoraux. Cette liste contiendra la quotité et l'espèce des contributions de chaque électeur, avec l'indication des départemens où elles sont payées.

Art. 4. Les contributions directes ne seront comptées, pour être électeur ou éligible, que lorsque la propriété foncière aura été possédée, la location faite, la patente prise et l'industrie sujette à patente exercée une année avant l'époque de la convocation du collége électoral. Ceux qui ont des droits acquis avant la publication de

7

pour querelles, ou par suite d'une enquête.

Art. 68. Toutes les personnes qui peuvent être électeurs sont aptes à être nommées députés.

Sont exceptées,

1.º Toutes personnes n'ayant pas un revenu net de 400,000 reis (2400 fr.), conformément aux articles 65 et 67 ;

2.º Les étrangers naturalisés (1).

______

(1) Art. 95. 3.º Ceux qui ne proffessent pas la religion de l'état.

Art. 39. Si néanmoins il ne se trouvait pas dans le département cinquante personnes de l'âge indiqué payant au moins mille

---

la présente loi, et le possesseur à titre successif, sont seuls exceptés de cette condition.

Art. 5. Les contributions foncières payées par une veuve sont comptées à celui de ses fils, à défaut de fils à celui de ses petits-fils, et à défaut de fils et petits-fils à celui de ses gendres qu'elle désignera.

Art. 6. Pour procéder à l'élection des députés chaque électeur écrit secrètement son vote sur le bureau, ou l'y fait écrire par un autre électeur de son choix, sur un bulletin qu'il reçoit à cet effet du président; il remet son bulletin écrit et fermé au président qui le dépose dans l'urne destinée à cet usage.

Art. 69. Les citoyens portugais, en quelque lieu qu'ils vivent, sont éligibles dans tout district électoral pour être députés, lors même qu'ils n'y seraient point nés, résidens ou domiciliés.

Art. 70. Une loi réglémentaire

francs de contributions directes, leur nombre sera complété par les plus imposés au-dessous de mille francs, et ceux-ci pourront être élus concurremment avec les premiers.

Art. 41. Les présidens des colléges électoraux seront nommés par le roi, et de droit membres du collége.

Art. 42. La moitié au moins des députés sera choisie parmi des éligibles qui ont leur domicile politique dans le département.

Art. 36. Chaque département

désignera le mode pratique des élections, et le nombre des députés en rapport avec la population du royaume.

TITRE V.

CHAPITRE I.er

Du roi, du pouvoir modérateur.

Art. 71. Le pouvoir modérateur est la clef de toute l'organisation politique, et appartient primitivement au roi, comme chef suprême de la nation, pour qu'il veille continuellement sur le maintien et la conservation de l'indépendance, l'équilibre et l'harmonie des autres pouvoirs politiques.

Art. 72. La personne du roi est inviolable et sacrée; il n'est

aura le même nombre de députés qu'il a eu jusqu'à présent.

Art. 13. La personne du roi est inviolable et sacrée. Ses ministres sont responsables. Au roi seul appartient la puissance exécutive.

soumis à aucune responsabilité quelconque.

Art. 73. Ses titres sont : Roi de Portugal et des Algarves, en-deçà et outre mer, en Afrique, seigneur de Guinée, et de la conquête, navigation, commerce de l'Éthiopie, Arabie, Perse et de l'Inde, et doit être traité de majesté très-fidèle (1).

Art. 74. Le roi exerce le pouvoir modérateur,

1.º En nommant les pairs sans nombre fixe;

2.º Convoquant les cortès générales et extraordinairement dans les sections quand aussi le demandera le bien du royaume;

____

(3) Art. 100. Ses titres sont empereur constitutionnel et défenseur perpétuel du Brésil. On le traite de majesté impériale.

Art. 50. Le roi convoque chaque année les deux chambres : il les proroge et peut dissoudre celle des députés; mais dans ce cas il doit en convoquer une nouvelle dans le délai de trois mois.

Art. 67. Le roi a le droit de faire grâce et celui de commuer les peines.

3.º Sanctionnant les décrets et résolutions des cortès générales pour qu'ils aient force de loi (art. 65);

4.º Prorogeant ou avançant l'époque de convocation des cortès générales, ou ordonnant la dissolution de la chambre des députés dans le cas où l'exigera le salut de l'état, convoquant immédiatement une autre pour la remplacer;

5.º Nommant et destituant librement les ministres d'état;

6.º Suspendant de leurs fonctions les magistrats dans le cas de l'art. 121;

7.º Pardonnant, modérant les peines imposées aux criminels par jugement;

8.º Accordant une amnistie dans un cas urgent, et quand ainsi

le conseillent l'humanité et le bien de l'état (1).

CHAPITRE II.

Du pouvoir exécutif.

Art. 75. Le roi est le chef du pouvoir exécutif, et l'exerce par ses ministres d'état. Ses principales attributions sont :

1.º Convoquer les nouvelles cortès générales le 2 mai de la quatrième année de la législature existante dans le royaume de Portugal, et dans les colonies l'année antécédente ;

---

(1) Art. 101. — 1.º En nommant les sénateurs conformément à l'article 43 ;

4 º En approuvant et en suspendant provisoirement les résolutions des conseils provinciaux (art. 86 et 87).

2.º Nommer les évêques ainsi que les bénéfices ecclésiastiques;

3.º Nommer à tous les emplois civils et politiques;

4.º Nommer les commandans des forces de terre et de mer, et les changeant toutes les fois que le demandera le bien de l'état.

5.º Nommer les ambassadeurs ét tous autres agens politiques et commerciaux;

6.º Diriger les négociations politiques avec les nations étrangères;

7.º Faire des traités d'alliance offensive et défensive, de subsides, de commerce, les portant après leur conclusion à la connaissance des cortès générales quand l'intérêt et la sûreté de l'état le permettront. Si les traités conclus en temps de paix entraînaient ces-

sion ou échange de territoire du royaume ou de possessions auxquelles le royaume ait droit, ils ne seront pas ratifiés sans avoir été approuvés par les cortès générales;

8.º Déclarer la guerre et faire la paix donnant participation à l'assemblée des communications qui seront compatibles avec les intérêts et la sûreté de l'état;

9.º Donner des lettres de naturalisation selon la loi;

10.º Donner des titres, honneurs, ordres militaires, et distinctions en récompense de services rendus à l'état, dépendant les pensions à la charge de l'état de l'approbation de l'assemblée dans le cas où elles seraient déjà assignées et fixées par une loi;

11.º Expédier les décrets, ins-

Art. 14. Le roi est le chef suprême de l'état, commande les
forces de terre et de mer, déclare
la guerre, fait les traités de paix,
d'alliance et de commerce, nomme
à tous les emplois d'administration publique, et fait les réglemens et ordonnances nécessaires
pour l'exécution des lois et la
sûreté de l'état.

tructions et réglemens convenables et appropriés à la bonne exécution des lois;

12.º Décréter et appliquer aux
diverses branches de l'administration publique les revenus votés
par les cortès;

13.º Concéder ou refuser *l'exe-
quatur* aux décrets des conciles et
lettres apostoliques, et toutes
autres constitutions ecclésiastiques qui ne s'opposeront point à
la constitution, l'approbation des
cortès devant précéder, s'ils con-
tenaient des dispositions générales;

14.º Pourvoir à tout ce qui con-
cernera la tranquillité intérieure
de l'état dans les formes voulues
par la constitution (1).

----

(1) Art. 102. 1.º De convoquer la

nouvelle assemblée générale ordinai-
naire le 3 juin de la troisième année
de la législature existante.

Art. 76. Le roi, avant d'être proclamé, prêtera entre les mains du président de la chambre des pairs, les deux chambres réunies, le serment suivant : « Je jure de » maintenir la religion catholi- » que, apostolique et romaine, » d'observer et faire observer la » constitution politique de la na- » tion portugaise et toutes les » autres lois du royaume, et de » pourvoir au bien général de la » nation en tout et autant qu'il » sera en mon pouvoir. »

Art. 77. Le roi ne pourra pas sortir du royaume de Portugal sans le consentement des cortès générales, et s'il le fait il est entendu qu'il aura abdiqué la couronne.

Art. 74. Le Roi et ses successeurs jureront dans la solennité de leur sacre d'observer fidèlement la présente charte constitutionnelle.

CHAPITRE III.

De la famille royale et de sa dotation.

Art. 78. L'héritier présomptif du royaume portera le titre de prince royal, et son fils aîné celui de prince Da Beira, tous les autres princes celui d'infant. L'héritier présomptif sera traité d'altesse royale, de même que le prince Da Beira. Les infans seront traités d'altesse (1).

Art. 79. L'héritier présomptif, ayant accompli l'âge de 14 ans,

---

(3) Art. 105. L'héritier présomptif de l'empire prendra le titre de prince impérial, et son fils aîné celui de prince du Grand-Para. Tous les autres auront le titre de prince ; l'héritier présomptif et le prince du Grand Para auront le titre d'altesse impériale , et les autres princes celui d'altesse.

prêtera entre les mains du président de la chambre des pairs, les deux chambres réunies, le serment suivant :

« Je jure de maintenir la re-
» ligion catholique, apostolique,
» romaine, d'observer la constitu-
» tion politique de la nation por-
» tugaise, et d'obéir aux lois et
» au roi (1). »

Art. 80. Les cortès générales, aussitôt que le roi aura succédé au royaume, devront lui assigner,

----

(1) Art. 110. Les instituteurs des princes seront choisis et nommés par l'empereur, et l'assemblée fixera le traitement qui devra leur être payé par le trésor national.

Art. 111. Dans la première session de chaque législature la chambre des députés exigera des professeurs un compte rendu des progrès de leurs augustes disciples.

Art. 23. La liste civile est fixée pour toute la durée du règne par la première législature assemblée depuis l'avénement du Roi.

ainsi qu'à la reine son épouse, une dotation correspondant à sa haute dignité.

Art. 81. Les cortès assigneront également une dotation au prince royal et aux infans dès le jour de leur naissance.

Art. 32. Lorsque les princesses ou infantes devront se marier les cortès leur assigneront leur dot, et à la remise de celle-ci devra cesser sa dotation.

Art. 83. Aux infans qui se marieront et iront résider hors du royaume il sera remis cette seule fois une certaine somme fixée par les cortès, à la remise de laquelle cessera la dotation qu'ils recevaient.

Art. 84. Les dotations et les dots desquelles traitent les articles précédens seront payées par le tré- <

sor public, remis à un intendant nommé par le roi avec lequel se traiteront toutes les affaires actives et passives concernant les intérêts de la maison royale.

Art. 85. Les palais et terres royales qui ont été possédés jusqu'à ce moment par le roi resteront la propriété de ses successeurs; et les cortès dispenseront et feront·les acquisitions et constructions qu'ils jugeront nécessaires à la décence et récréation du roi.

CHAPITRE IV.

De la succession à la couronne.

Art. 86. La reine Dona Maria II, par la grace de Dieu et la formelle abdication et cession du seigneur Don Pedre 1.er, empe-

reur du Brésil, régnera toujours en Portugal (1).

Art. 87. La descendance légitime succédera au trône selon l'ordre régulier de la primogéniture, préférant toujours la branche antérieure aux postérieures; dans la même ligne, le dégré le plus rapproché au plus éloigné; dans le même degré, le sexe masculin au sexe féminin; dans le même sexe, la personne la plus âgée à la plus jeune.

Art. 88. Dans le cas de complète extinction des lignes des descendans légitimes de la reine

____

(1) Art. 116. Don Pedre 1.er, par l'acclamation unanime des peuples, empereur constitutionnel et défenseur perpétuel, continuera à régner au Brésil.

Dona Maria II la couronne passera à la ligne collatérale (1).

89. Aucun étranger ne pourra succéder à la couronne de Portugal.

Art. 90. Le mariage de la princesse héritière présomptive de la couronne se fera toujours avec l'agrément du roi, et jamais avec un étranger. Si le roi avait cessé de vivre au moment où l'on devra s'occuper de ce mariage il ne pourra s'effectuer sans le consentement des cortès générales. Son époux n'aura aucune part au gouvernement, et seulement portera le titre de roi après qu'il aura eu de la reine un fils ou une fille.

_____

(2) Art. 118. A l'extinction des descendans légitimes de Don Pedre 1er, pendant la vie même du dernier des-

cendant et durant son règne, l'assemblée générale choisira une dynastie
nouvelle.

CHAPITRE V.

De la régence pendant la minorité ou quelque autre cause qui empêche le roi de gouverner.

Art. 91. Le roi est mineur jusqu'à l'âge de dix-huit ans révolus.

Art. 92. Durant sa minorité le royaume sera gouverné par une régence qui appartiendra au parent le plus proche du roi, selon l'ordre de succession, et qui devra être majeur de vingt-cinq ans.

Art. 93. Si le roi n'a aucun parent qui réunisse ces qualités le royaume sera gouverné par une régence permanente nommée par les cortès générales, composée de trois membres, présidée par le plus âgé des trois.

Art. 94. En attendant que cette régence soit élue, le royaume sera

gouverné par une régence provisoire, composée des deux ministres d'état du royaume et de la justice, et des deux conseillers d'état les plus anciens en exercice, présidé par la reine veuve, et à défaut de la reine par le plus ancien conseiller d'état.

Art. 95. Dans le cas de décès de la reine régente la régence sera présidée par son époux.

Art. 96. Si le roi, par quelque cause physique ou morale évidemment reconnue par la pluralité de chacune des chambres des cortès, se trouve dans l'impossibilité de gouverner, le prince royal, s'il est âgé de dix-huit ans, gouvernera en sa place.

Art. 97. La régente ainsi que la régence prêteront le serment mentionné dans l'article 75, en

ajoutant la clause de fidélité au roi, et de lui remettre le gouvernement aussitôt sa majorité ou la cessation de la cause qui l'empêchait de gouverner.

Art. 98. Les actes de la régence et du régent seront publiés au nom du roi avec la formule suivante : « Commande la régence au nom du roi..... Commande le prince royal régent au nom du roi. »

Art. 99. Ni la régence ni le régent ne sera responsable.

Art. 100. Pendant la minorité des successeurs de la couronne, sera son tuteur celui que son père lui aura nommé par son testament; faute de celui-là ce sera la reine mère, et à défaut de la reine les cortès générales nommeront le tuteur. Toutefois ne pourra

jamais être tuteur du roi mineur celui à qui appartiendrait la succession à la couronne si le roi venait à mourir.

CHAPITRE VI.

Du ministère.

Art. 101. Il y aura plusieurs secrétaireries d'état; la loi désignera les affaires qui seront du ressort de chacun de leurs membres, les réunira ou les séparera selon qu'il conviendra le mieux.

Art. 102. Les ministres signeront tous les actes du pouvoir exécutif qui, sans cette formalité, ne pourront être exécutés.

Art. 103. Les ministres d'état seront responsables :

1.º Pour trahison ;

Art. 54. Les ministres peuvent être membres de la chambre des pairs ou de la chambre des députés. Ils ont en outre leur entrée dans l'une ou l'autre chambre, et doivent être entendus quand ils le demandent.

Art. 56. Ils ne peuvent être accusés que pour fait de trahison ou de concussion. Des lois par-

2.º Pour tentative de corruption, subornation et concussion;

3.º Pour abus de pouvoir;

4.º Lorsqu'ils ne se conformeront pas à la loi;

5.º Pour tout ce qu'ils feront de contraire à la liberté, sûreté et propriété des citoyens;

6.º Pour la moindre dissipation des deniers publics.

Art. 104. Une loi particulière spécifiera la nature de ces délits et la manière de procéder contre eux.

Art. 105. L'ordre du roi donné de vive voix ou par écrit ne peut en aucun cas décharger les ministres de leur responsabilité.

Art. 106. Les étrangers, quoique naturalisés, ne pourront pas être ministres d'état.

ticulières spécifieront cette nature de délits, et en détermineront la poursuite.

CHAPITRE VII.

Du conseil d'état.

Art. 107. Il y aura un conseil d'état composé de conseillers à vie nommés par le roi (1).

Art. 108. Les étrangers ne pourront pas être conseillers d'état, quoique naturalisés (2).

Art. 109. Les conseillers d'état, avant d'entrer en foncions, prêteront serment entre les mains du roi de maintenir la religion ca-

---

(1) Art. 138. Ils n'excéderont pas le nombre de dix.

(2) Art. 139. Ne sont pas compris dans ce nombre les ministres d'état, qui eux-même ne sont pas réputés conseillers d'état sans une désignation spéciale de l'empereur à cette charge.

Art. 140. Pour être conseiller d'état il faut posséder les mêmes qualifications que pour être sénateur.

tholique et romaine, d'observer la constitution et les lois, d'être fidèles au roi, de le conseiller d'après leur conscience, donnant attention seulement au bien de la nation.

Art. 110. Les conseillers seront entendus dans toutes les affaires graves et dans les mesures générales d'administration, principalement sur une déclaration de guerre avec les nations étrangères; de même dans toutes les occasions dans lesquelles le roi se propose d'exercer quelqu'une des attributions propres au pouvoir modérateur, indiquées dans l'article 74, à l'exception du §. 5.

Art. 111. Les conseillers d'état seront responsables des conseils qu'ils donneront, et qui seront opposés aux lois et aux intérêts

de l'état, et manifestement pré-
judiciables.

Art. 112. Le prince royal,
aussitôt qu'il aura atteint l'âge de
dix-huit ans accomplis, sera de
droit du conseil d'état ; les autres
princes de la maison royale, pour
pouvoir entrer au conseil d'état,
restent à cet égard dépendans de
la nomination du roi.

CHAPITRE VIII.

De la force militaire.

Art. 113. Tous les Portugais
sont obligés de prendre les armes
pour soutenir l'indépendance et
l'intégrité du royaume, et pour
le défendre contre ses ennemis
internes et externes.

Art. 114. Pendant tout le

temps que les cortès générales ne désigneront point la force militaire permanente dè mer et de terre, celle présentement existante continuera de subsister jusqu'au moment où lesdites cortès la diminueront ou l'augmenteront.

Art. 115. La force militaire est essentiellement obéissante; elle ne pourra jamais se réunir sans qu'elle en reçoive l'ordre par l'autorité légitime.

Art. 116. Il appartient exclusivement à la puissance exécutive d'employer la force armée de mer et de terre de la manière qu'elle jugera convenable à la sûreté et à la défense du royaume.

Art. 117. Une ordonnance spéciale régularisera l'organisation de l'armée, sa promotion et sa

Art. 12. La conscription est
abolie. Le mode de recrutement

discipline, de même que celle de la force navale (1).

TITRE VI.

Du pouvoir judiciaire.

CHAPITRE UNIQUE.

Des juges et des tribunaux de justice.

Art. 118. Le pouvoir judiciaire est indépendant, et sera composé de juges et de jurés, lesquels sont appelés, tant au civil qu'au criminel, dans les cas et de la manière que les codes détermineront.

_____

(1) Art. 149. Les officiers de l'armée et de la flotte ne peuvent être privés de leur brevet que par une sentence rendue par les tribunaux compétens.

e l'armée de terre et de mer est
éterminé par une loi.

Art. 57. Toute justice émane
u roi. Elle s'administre en son
om par des juges qu'il nomme
t qu'il institue.

Art. 65. L'institution des ju-
és est conservée. Les change-
mens qu'une plus longue expérience ferait juger nécessaires,
ne peuvent être effectués que par
une loi.

Art. 119. Les jurés prononceront sur le fait, et les juges appliqueront la loi.

Art. 120. Les juges de droit sont inamovibles; par là il n'est néanmoins point entendu qu'ils ne puissent être changés d'une localité dans une autre pour le temps et de la manière que la loi déterminera.

Art. 121. Le roi pourra les suspendre de leurs fonctions pour raison de plaintes portées contre eux, ayant au préalable donné audience à ces mêmes juges et pris l'avis du conseil d'état. Toutes les pièces qui les concernent seront remises au tribunal du district respectif pour par lui procéder

Art. 58. Les juges nommés par le roi sont inamovibles.

Art. 59. Les cours et tribunaux ordinaires actuellement existans sont maintenus. Il n'y sera rien changé qu'en vertu d'une loi.

Art. 60. L'institution actuelle des juges de commerce est conservée.

d'après les formalités voulues par la loi.

Art. 122. Par un jugement seulement ces juges pourront perdre leurs emplois.

Art. 123. Tous les juges de droit et les officiers de justice seront responsables des abus de pouvoir et des prévarications qu'ils commettraient dans l'exercice de leurs fonctions; cette responsabilité sera rendue effective par une loi réglémentaire.

Art. 124. Pour subornation, tentative de corruption, péculat et concussion, on aura contre eux action populaire qui pourra leur être intentée dans le délai d'un an et d'un jour, soit par le propre plaignant ou par toute autre personne du peuple, en se conformant à l'ordre de procédure établi par la loi.

Art. 125. Pour juger les causes en seconde et dernière instance il sera établi dans les provinces du royaume les tribunaux qui seront nécessaires pour la plus grande commodité du peuple.

Art. 126. Dans les causes criminelles l'audition des témoins et tous les autres actes de la procédure, depuis la prévention, seront publics, et cela dès aujourd'hui.

Art. 127. Dans les causes civiles et dans celles pénales les parties pourront nommer des juges arbitres ; leurs sentences seront exécutées sans appel si les parties dissidentes en sont ainsi convenues.

Art. 128. Sans faire constater qu'on a recherché des moyens de conciliation on ne pourra commencer un procès quelconque.

Art. 64. Les débats seront publics en matière criminelle, à moins que cette publicité ne soit dangereuse pour l'ordre et les mœurs, et dans ce cas le tribunal le déclare par un jugement.

Art. 61. La justice de paix est

Art. 129. A cet effet il y aura des juges de paix, lesquels seront électifs pendant le même temps et de la même manière que se fera l'élection des membres des municipalités. Leurs attributions et leurs arrondissemens seront réglés par une loi.

Art. 130. Dans la capitale du royaume, outre le tribunal qui devra y exister de même que dans les autres provinces, il y aura de plus un tribunal sous la dénomination de tribunal suprême de justice; il sera composé de lettrés tirés des tribunaux par rang d'ancienneté; ils seront décorés du titre de conseillers. Dans la première organisation pourront être employés dans ce tribunal les juges de ceux des tribunaux qu'il conviendra de supprimer.

également conservée. Les juges de paix, quoique nommés par le roi, ne sont point inamovibles.

Art. 131. Ce tribunal a dans ses attributions :

1.º D'accorder ou refuser le le recours en cassation dans les causes et de la manière que la loi le déterminera ;

2.º De connaître des délits et des erreurs dans leurs emplois que commettront les juges, ceux des tribunaux et les employés dans le corps diplomatique ;

3.º De connaître et de décider dans les conflits de jnridietion et de compétence des tribunaux provinciaux (1).

-----

(1) Art. 164. A ce tribunal appartient le droit, 1.º d'accorder ou refuser la revue des causes de la manière déterminée par la loi ; 2.º de connaître des délits et fautes commis par ses officiers, par ceux des autres tribunaux, par les employés du corps diplomati-

que, et par les présidens des provinces;
3.º de connaître et de décider les conflits de juridiction et la compétence
des tribunaux de province.

TITRE VII.

De l'administration des provinces.

CHAPITRE I.er

De l'administcation.

Art. 132. L'administration des provinces continuera d'exister de la même manière qu'elle est établie en ce moment, jusqu'à ce qu'elle soit changée par une loi(1).

---

(1) Art. 165. Il y aura dans chaque province un président nommé par l'empereur qui pourra le changer selon le bien du service.

Art. 166. La loi désignera ses attributions, sa compétence, son autorité, et tout ce qui convient à la meilleure expédition des affaires.

CHAPITRE II.

Des tribunaux.

Art. 133. Dans toutes les villes et bourgs présentement existans, et dans tous ceux qui pourront se former par la suite, il sera établi des municipalités auxquelles appartiendront le gouvernement économique et municipal des mêmes villes et bourgs.

Art. 134. Les municipalités seront électives et composées du nombre de membres que la loi désignera; celui d'entre eux qui obtiendra le plus grand nombre de voix en sera le président.

Art. 135. L'exercice de leurs fonctions municipales, la formation des ordonnances de police, l'emploi de leurs revenus et autres,

toutes ces attributions seront décrétées par une loi réglémentaire.

CHAPITRE III.

Des revenus publics.

Art. 136. La recette et la dé-
pense des revenus publics seront
confiées à un tribunal sous le titre
de trésor public, dans lequel diverses sections dûment établies
par une loi régleront son administration et sa comptabilité (1).

____

(1) Art. 170. Les recettes et dépenses
des finances nationales seront confiées
à un tribunal, sous le nom de trésor
national, qui, dans ses différentes
divisions établies par la loi, aura l'administration et une comptabilité en
correspondance réciproque avec les
trésoreries et autorités des provinces
de l'empire.

Art. 137. Toutes les contributions directes, à l'exception de celles qui seront appliquées à payer les intérêts et à l'amortissement de la dette publique, seront annuelles, établies par les cortès générales, mais continueront jusqu'à ce qu'on en publie la dérogation ou qu'on y en substitue d'autres.

Art. 138. Le ministre d'état des finances, après avoir reçu des ministres les budgets relatifs aux dépenses de leurs ministères, présentera annuellement à la chambre des députés, et aussitôt que les cortès se seront assemblées, une balance générale de recettes et de dépenses de l'année précédente, et également le budget général de toutes les dépenses publiques de l'année prochaine, et le

montant de toutes les contributions et des revenus publics.

TITRE VIII.

Des dispositions générales et des garanties des droits civils et politiques des citoyens portugais.

Art. 139. Les cortès générales, dès le commencement de leurs sessions, examineront si la constitution politique du royaume a été exactement observée.

Art. 140. Si après le laps de temps de quatre années écoulées depuis que la constitution du royaume a été jurée, il était reconnu que quelqu'un de ses articles eût besoin d'être réformé, la proposition s'en fera par écrit, et elle devra prendre naissance

dans la chambre des députés et être appuyée par le tiers d'entre eux.

Art. 141. La proposition sera lue trois fois avec des intervalles de six jours de l'une à l'autre lecture, et après la troisième la chambre des députés délibérera si la discussion peut en être, admise; on suivra ensuite tout ce qui est nécessaire pour la formation d'une loi.

Art. 142. La discussion étant admise, et la nécessité de la réforme de l'article constitutionnel étant bien établie, la loi sera expédiée, sanctionnée et promulguée par le roi dans la forme ordinaire, mais on y ordonnera aux électeurs des députés pour la prochaine législature que dans leurs procurations ils leur confèrent

des pouvoirs spéciaux pour une prétendue altération ou réforme.

Art. 143. Dans la législature suivante et dans sa première session la matière sera proposée et discutée, et le résultat prévaudra pour faire le changement ou l'addition à la loi fondamentale, et l'ajoutant à la constitution elle sera solennellement promulguée.

Art. 144. Est seulement constitutionnel tout ce que l'acte constitutionnel fixe à l'égard des limites et des attributions respectives des pouvoirs politiques et des droits politiques et individuels des citoyens. Tout ce qui n'est point constitutionnel peut être altéré sans les formalités référées par les législatures ordinaires.

Art. 145. L'inviolabilité des droits civils et politiques des ci-

toyens portugais, qui ont pour base la liberté, la sûreté individuelle et la propriété, est garantie par la constitution du royaume de la manière suivante (1) :

1.º Aucun citoyen ne peut être obligé de faire ou empêché de faire une chose quelconque, sinon en vertu d'une loi.

2.º La disposition d'une loi n'a point d'effet rétroactif.

3.º Chacun peut communiquer ses pensées soit verbalement, soit par écrit, les publier par l'impression, en tant toutefois qu'il est responsable des abus qu'il commettrait dans l'exercice de ce

____

(1) Art. 179. 25.º Les corporations avec leurs doyens, maîtrises et secrétaireries sont abolies.

Art. 8. Les Français ont le droit de publier et de faire imprimer leurs opinions en se conformant aux lois qui doivent réprimer les abus de cette liberté.

droit, dans les cas et les formes déterminés par la loi.

4.º Personne ne peut être poursuivi pour des motifs de religion dès qu'il respecte celle de l'état et n'offense point la morale publique.

5.º Chacun peut rester ou sortir du royaume comme il lui convient, emportant toutes ses propriétés, s'étant néanmoins conformé aux réglemens de police, et sans préjudice des droits d'un tiers.

6.º Tout citoyen possède dans sa maison un asile inviolable. De nuit on ne peut y entrer sans son consentement ou dans le cas d'une réclamation de secours venue du dedans, ou pour la défendre de l'incendie ou de l'inondation; et de jour l'entrée de sa maison sera seulement accordée dans les cas

et de la manière que la loi déterminera.

7.º Personne ne pourra être arrêté sans plainte formée, excep-
dans les cas déterminés par la loi
et dans ces cas le juge, dans le
vingt-quatre heures à compter d
son entrée en prison (celle-ci s
trouvant en villes, bourgs ou vil
lages près du lieu de résidenc
du juge, et dans les endroit
éloignés dans un laps de temp
raisonnable que la loi détermi
nera, faisant attention à l'exten
sion du territoire), fera, par une
note signée de lui, connaître au
coupable le motif de son arrestation, les noms des accusateur
et ceux des témoins s'il les connaît

8.º Quoiqu'une plainte soit formée, personne ne sera condui
en prison, ou n'y sera retenu étant

Art. 4. Leur liberté individuelle est également garantie, personne ne pouvant être poursuivi ni arrêté que dans les cas prévus par la loi, et dans la forme qu'elle prescrit (1).

____

(1) Art. 77. Pour que l'acte qui ordonne l'arrestation d'une personne puisse être exécuté, il faut, 1.º qu'il exprime formellement le motif de l'arrestation, et la loi en exécution de laquelle elle est ordonnée; 2.º qu'il émane d'un fonctionnaire à qui la loi ait donné formellement ce pouvoir; 3.º qu'il soit notifié à la personne arrêtée et qu'il lui en soit laissé copie.

78. Un gardien ou geolier ne peut recevoir ou détenir aucune personne qu'après avoir transcrit sur son registre l'acte qui ordonne l'arrestation; cet acte doit être un mandaut donné dans les formes prescrites par l'article

déjà arrêté, s'il fournit caution solvable dans les cas où la loi l'admet, et en général pour les crimes qui n'entraînent pas de plus forte peine que celle de six mois de prison ou de bannissement hors du territoire : dans ce cas le coupable pourra se faire mettre en liberté.

9.º A l'exception du cas de flagrant délit, on ne pourra le faire mettre en prison, sinon sur l'ordre par écrit de l'autorité légitime ; si cet ordre est arbitraire le juge qui l'aura donné et celui qui l'aura requis seront punis des peines que la loi déterminera.

Ce qui est fixé à l'égard de la prison avant que la plainte soit formée ne comprend point les ordonnances militaires établies, celles-ci étant nécessaires à la dis-

précédent, ou une ordonnance de prise de corps, ou un décret d'accusation, ou un jugement.

79. Tout gardien ou geolier est tenu, sans qu'aucun ordre puisse l'en dispenser, de représenter la personne détenue à l'officier civil ayant la police de la maison de détention, toutes les fois qu'il en sera requis par cet officier.

80. La représentation de la personne détenue ne pourra être refusée à ses parens et amis porteurs de l'ordre de l'officier civil, lequel sera toujours tenu de l'accorder, à moins que le gardien ou le geolier ne représente une ordonnance du juge pour tenir la personne au secret.

81. Tous ceux qui, n'ayant point reçu de la loi le pouvoir de faire arrêter, donneront, signeront, exécuteront l'arrestation d'une personne quelconque; tous ceux qui, même dans le cas de l'arrestation autorisée par la loi, recevront ou retiendront la personne arrêtée dans un lieu de déten-

cipline et au recrutement de l'armée ; ni les cas qui ne sont pas absolument criminels, et dans lesquels la loi ordonne cependant l'emprisonnement de quelques personnes pour avoir désobéi aux injonctions de la justice, ou pour n'avoir pas rempli une obligation dans un temps déterminé.

10.º Personne ne recevra sentence de jugement, sinon par l'autorité compétente en vertu d'une loi antérieure, et dans la forme par elle prescrite.

11.º L'indépendance du pouvoir judiciaire sera maintenue. Aucune autorité ne pourra évoquer les causes pendantes, les soutenir ou faire revivre les procès finis.

tion non publiquement et légalement
désigné comme tel, et tous les gar-
diens ou geoliers qui contreviendront
aux dispositions des trois articles précédens, seront coupables du crime de
détention arbitraire.

82. Toutes rigueurs employées dans
les arrestations, détentions ou execu-
tions, autres que celles autorisées par
les lois, sont des crimes. (*Loi du
13 décembre* 1799.)

12.º La loi sera égale pour tous, qu'elle protège ou qu'elle châtie. Elle récompensera en proportion du mérite de chacun.

13.º Tout citoyen est admissible aux fonctions publiques, civiles, politiques ou militaires, sans autre différence que celle résultant de ses talens et vertus.

14.º Personne ne sera exempté de contribuer aux dépenses de l'état en proportion de ses moyens.

15.º Sont abolis tous priviléges qui ne sont point essentiels et entièrement liés aux charges pour l'utilité publique.

16.º A l'exception des causes qui par leur nature appartiennent aux juges particuliers, en conformité des lois, il n'y aura pas de tribunal privilégié ni de com-

Art. 1.er Les Français sont égaux devant la loi, quels que soient d'ailleurs leurs titres et leurs rangs.

Art. 3. Ils sont tous également admissibles aux emplois civils et militaires.

Art. 2. Ils contribuent indistinctement, dans la proportion de leur fortune, aux charges de l'état.

Art. 62. Nul ne pourra être distrait de ses juges naturels.

Art. 63. Il ne pourra en conséquence être créé de commissions et tribunaux extraordinaires. Ne

mission spéciale dans les cause[s] civiles ou criminelles.

17.º Il sera rédigé aussi promp[te]ment que possible un code civi[l] et criminel fondés sur les base[s] solides de la justice et de l'équité.

18.º Dès ce moment sont abolie[s] la peine du fouet, la torture, la marque du fer rouge, et tou[s] les autres châtimens plus cruels.

19.º Aucune peine ne s'étendra plus loin que le coupable. C'est pourquoi la confiscation des biens n'aura lieu dans aucun cas, et l'infamie du criminel ne se transmettra à aucun de ses parens de quelque degré que ce soit.

20.º Les prisons seront sûres, propres et bien aérées, avec des locaux différens pour la sépara-

sont pas comprises sous cette dénomination les juridictions pré-
vôtales si leur rétablissement est
jugé nécessaire.

Art. 68. Le code civil et les
lois actuellement existantes qui
ne sont pas contraires à la présente charte restent en vigueur
jusqu'à ce qu'il y soit légalement
dérogé.

Art. 66. La peine de la confiscation des biens est abolie, et ne
pourra pas être rétablie.

tion des détenus, suivant les circonstances et la nature de leurs crimes.

21.º Le droit de propriété sera garanti dans toute sa plénitude.

22.º La dette publique sera également garantie.

23.º Aucun genre de travail, culture, industrie ou commerce ne peut être prohibé, pourvu qu'il ne préjudicie en rien aux

Art. 9. Toutes les propriétés sont inviolables, sans aucune exception de celles qu'on appelle *nationales*, la loi ne mettant aucune différence entre elles.

Art. 10. L'état peut exiger le sacrifice d'une propriété pour cause d'intérêt public légalement constaté, mais avec une indemnité préalable.

Art. 70. La dette publique est garantie. Toute espèce d'engagement pris par l'état avec ses créanciers est inviolable.

coutumes publiques, à la sûreté et à la santé des citoyens.

24.º Les inventeurs conserveront la propriété de leurs découvertes ou de leurs productions. Une loi leur garantira leur privilége exclusif temporaire, ou une indemnité de la perte qu'ils pourraient éprouver par la publicité.

25.º Le secret des lettres est inviolable. L'administration des postes sera rigoureusement responsable de toute infraction à cet article.

26.º Seront garanties les récompenses accordées pour les services rendus à l'état, soit civils, soit militaires, de même que les droits qui y sont attachés conformément aux lois.

27.º Les fonctionnaires publics

Art. 69. Les militaires en activité de service, les officiers et soldats en retraite, les veuves, les officiers et soldats pensionnés, conserveront leurs grades, honneurs et pensions.

seront strictement responsables des abus et omissions qu'ils commettront dans l'exercice de leurs fonctions, et en aucun cas ils ne pourront faire retomber cette responsabilité sur leurs subalternes.

28.º Tout citoyen pourra présenter par écrit au pouvoir législatif et au pouvoir exécutif des réclamations, plaintes ou pétitions, et leur dénoncer toute infraction quelconque de la constitution, en requérant de l'autorité compétente la responsabilité effective des infracteurs.

29.º La constitution garantit pareillement les secours publics.

30.º L'instruction primaire est gratuite pour tous les citoyens.

31.º La constitution garantit la noblesse héréditaire et les prérogatives.

Art. 53. Toute pétition à l'une ou à l'autre des chambres ne peut être faite et présentée que par écrit. La loi interdit d'en apporter en personne et à la barre.

———

Art. 38. Aucun député ne peut être admis dans la chambre s'il n'est âgé de quarante ans, et s'il ne paie une contribution directe de mille francs. (*Voyez art.* 68 *de la Charte du Portugal.*)

———

32.º Pareillement les colléges et universités où sont enseignés les élémens des sciences, belles-lettres et arts.

33.º Les pouvoirs constitutionnels ne peuvent jamais suspendre la constitution, ni attenter aux droits individuels, hors les cas et circonstances spécifiés dans le paragraphe suivant:

34.º Dans le cas de révolte ou d'invasion de l'ennemi, la sûreté de l'état exigeant que l'on se dispense pour un temps déterminé de quelques-unes des formalités qui garantissent la liberté individuelle, il pourra y être pourvu par un acte spécial du pouvoir législatif.

Si les cortès ne pouvaient être réunies à temps, et le danger devenant imminent, le gouver-

Articles qui n'ont point de rapport avec la charte du Portugal.

Art. 11. Toutes recherches des opinions et votes émis jusqu'à la restauration sont interdites. Le même oubli est commandé aux tribunaux et aux citoyens.

Art. 33. La chambre des pairs connaît des crimes de haute trahison et des attentats à la sûreté de l'état, qui seront définis par la loi.

Art. 71. La noblesse ancienne reprend ses titres. La nouvelle conserve les siens. Le roi fait des nobles à volonté ; mais il ne leur accorde que des rangs et des honneurs sans aucune exemption des charges et des devoirs de la société.

Art. 72. La Légion-d'Honneur

nement pourra prendre les mêmes mesures, comme remède provisoire et indispensable, en suspendant immédiatement le cours ordinaire des lois d'après la nécessité urgente qui l'exigera; mais dans tous les cas il devra remettre aux cortès, dès qu'elles seront rassemblées, un rapport motivé des arrestations et autres mesures de prévention qui auraient été prises. Toute autorité qui aura été chargée de leur exécution sera responsable des abus qui auraient été commis à ce sujet.

J'ordonne à toutes les autorités à qui appartiennent la connaissance et l'exécution de cette charte constitutionnelle qu'elles lui prêtent et fassent prêter serment en l'accomplissant et faisant accomplir dans sa teneur totale et dans chacun de ses articles.

est maintenue. Le roi détermi-nera les réglemens intérieurs et la décoration.

Art. 75. Les députés des dé-partemens de France qui sié-geaient au corps législatif lors du dernier ajournement continue-ront de siéger à la chambre des députés jusqu'à remplacement.

Art. 76. Le premier renou-vellement d'un cinquième de la chambre des députés aura lieu au plus tard en l'année 1816, sui-vant l'ordre établi entre les sé-ries.

Nous ordonnons, etc.

Donné à Paris l'an de grâce 1814, et de notre règne le dix-neuvième.

Signé LOUIS.

La régence de mes royaumes et possessions l'aura aussi pour entendue. En conséquence, elle fera imprimer, publier, exécuter et garder la susdite charte dans sa teneur totale et chacun de ses articles, afin qu'elle soit valable comme un acte passé par la chancellerie, quoiqu'elle ne doive pas y passer, nonobstant toutes ordonnances à ce contraires, et auxquelles il me plaît de déroger, les autres demeurant en vigueur; nonobstant pareillement tout défaut de rédaction et autres formalités de style dont je trouve bon de donner dispense.

Donné au palais de Rio-Janeiro le 19.ᵉ jour du mois d'avril de l'année de la naissance de N. S. J.-C. 1826.

Signé LE ROI, *avec paraphe.*

9 782019 980702